韓國 한국	靑白 청백
三寸 삼촌	室外 실외
校長 교장	大門 대문
外國 외국	靑年 청년
學生 학생	大小 대소

學校	生日
학교	생일
敎室	國民
교실	국민
軍人	父母
군인	부모
南北	東西
남북	동서
兄弟	女人
형제	여인

青 푸를 청	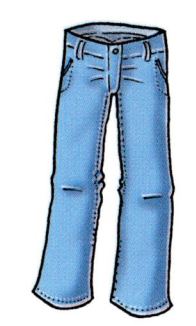	中 가운데 중	
七 일곱 칠		寸 마디 촌	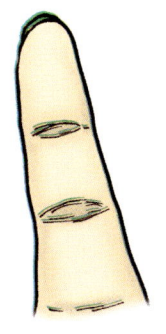
八 여덟 팔		土 흙 토	
韓 나라이름·성 한		學 배울 학	
火 불 화		兄 형 형	

中寸土學兄	青七八韓火

王 		五	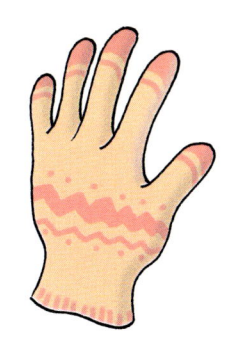
임금 왕		다섯 오	
月		外	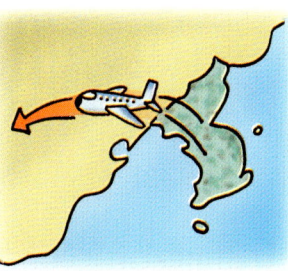
달 월		바깥 외	
人		二	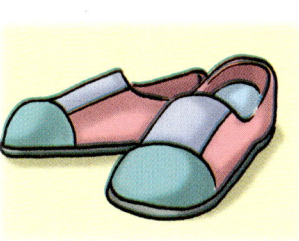
사람 인		두 이	
日		一	
날 일		한 일	
弟 		長	
아우 제 		길·어른 장	

王月人日弟

五外二一

玉外二一長

山
메 산

四
넉 사

生
날 생

三
석 삼

先
먼저 선

西
서녘 서

水
물 수

小
작을 소

十
열 십

室
집 실

山生先水牛

四三西小室

六 		東 	
여섯 륙(육)		동녘 동	
母 		萬 	
어미 모		일만 만	
門 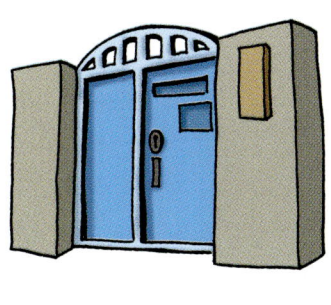		木 	
문 문		나무 목	
白 		民 	
흰 백		백성 민	
北 		父 	
북녘 북/달아날 배		아비 부	

六母門白北
東萬木民父

敎   가르칠 교		校  학교 교	
國  나라 국		九  아홉 구	
金  쇠 금 / 성 김		軍  군사 군	
女  계집 녀		南  남녘 남	
大  큰 대		年  해 년	

教 校
國 九
金 軍
女 南
大 年

＊한자능력검정시험 8급 모의테스트 해답편

《제 1 회》

❶ (1) 금 (2) 대 (3) 남 (4) 십(시) (5) 월
(6) 일 (7) 일 (8) 국 (9) 군 (10) 구
(11) 연년 (12) 대 (13) 학 (14) 교 (15) 청백
❷ (16) 작을 소 (17) 열 십 (18) 날 생
(19) 메 산 (20) 집·방 실
❸ (21) ① (22) ⑤ (23) ④ (24) ③ (25) ②
❹ (26) ⑦ (27) ⑤ (28) ③ (29) ④ (30) ②
(31) ⑥ (32) ①
❺ (33) ③ (34) ④ (35) ①
❻ (36) ⑮ (37) ⑥ (38) ④ (39) ⑫ (40) ⑭
(41) ⑬ (42) ② (43) ⑤ (44) ⑦ (45) ⑨
(46) ⑩ (47) ⑧ (48) ① (49) ③ (50) ⑪

《제 2 회》

❶ (1) 육(유) (2) 월 (3) 일 (4) 국 (5) 남
(6) 대 (7) 문 (8) 동북 (9) 부 (10) 모
(11) 백 (12) 금 (13) 만금 (14) 국민 (15) 남북
❷ (16) 아홉 구 (17) 해 년 (18) 문 문
(19) 작을 소 (20) 푸를 청
❸ (21) ② (22) ① (23) ④ (24) ③ (25) ⑤
❹ (26) ② (27) ⑤ (28) ① (29) ⑦ (30) ⑥
(31) ⑧ (32) ④
❺ (33) ② (34) ④ (35) ①
❻ (36) ⑨ (37) ② (38) ⑧ (39) ⑤ (40) ⑬
(41) ⑩ (42) ① (43) ⑥ (44) ④ (45) ⑫
(46) ⑭ (47) ⑪ (48) ⑮ (49) ⑦ (50) ③

《제 3 회》

❶ (1) 모 (2) 녀 (3) 선생 (4) 중 (5) 국
(6) 십 (7) 중 (8) 팔 (9) 구 (10) 남
(11) 산 (12) 생 (13) 수 (14) 명 (15) 백
❷ (16) 여섯 륙 (17) 북녘 북 (18) 동녘 동
(19) 나무 목 (20) 문 문
❸ (21) ④ (22) ③ (23) ② (24) ① (25) ⑤
❹ (26) ⑥ (27) ⑤ (28) ① (29) ② (30) ⑦
(31) ⑧ (32) ④
❺ (33) ④ (34) ③ (35) ⑤
❻ (36) ⑥ (37) ② (38) ⑭ (39) ⑦ (40) ⑪
(41) ④ (42) ⑧ (43) ⑤ (44) ⑬ (45) ①
(46) ⑫ (47) ⑨ (48) ③ (49) ⑮ (50) ⑩

✱ 정답편

● 연습문제 1회

1. 1) 부모 2) 학교, 선생 3) 산, 생목 4) 산수
2. 1) ② 2) ① 3) ③ 4) ④
3. ①
4. 1) 칠일 2) 년월일 3) 교문 4) 선왕 5) 십중팔구 6) 서학
   7) 북한 8) 토인 9) 청군 10) 삼국 11) 제자 12) 국군
   13) 장녀 14) 생수 15) 만일 16) 일일
5. 1) ④ 2) ①

● 연습문제 2회

1. 1) 교장 2) 삼삼오오 3) 남, 북 4) 유(육)월 육일
2. 1) ④ 2) ② 3) ④ 4) ①
3. ③
4. 1) 일학년 2) 외국인 3) 대문 4) 군인 5) 대한 6) 백군
   7) 모녀 8) 부형 9) 모국 10) 생장 11) 수문 12) 문중
   13) 연금 14) 남대문 15) 부자 16) 산중
5. 1) ② 2) ④

● 연습문제 3회

1. 1) 교실 2) 목, 금 3) 삼촌, 국군 4) 오월, 여왕
2. 1) ② 2) ④ 3) ③ 4) ①
3. ②
4. 1) 화산 2) 왕자 3) 생일 4) 교생 5) 산수 6) 왕국
   7) 오뉴월 8) 여군 9) 모자 10) 청년 11) 선인 12) 학부형
   13) 남한 14) 소국 15) 대인 16) 삼월
5. 1) ① 2) ⑤

● 연습문제 4회

1. 1) 일월 2) 동서남북 3) 청산 4) 인생
2. 1) ④ 2) ③ 3) ① 4) ②
3. ②
4. 1) 수군 2) 서산 3) 중학생 4) 왕실 5) 부녀 6) 교실
   7) 청산 8) 부모 9) 대왕 10) 일월 11) 백인 12) 국왕
   13) 수중 14) 동대문 15) 생년월일
5. 1) ④ 2) ③

● 연습문제 5회

1. 1) 중학교 2) 일, 월, 화, 수, 목, 금, 토 3) 오학년, 이 4) 한국민
2. 1) ④ 2) ② 3) ① 4) ③
3. ①
4. 1) 한일 2) 토인 3) 동국 4) 남산 5) 실외 6) 중년
   7) 대학 8) 민생 9) 국토 10) 소인 11) 대중소 12) 삼삼오오
   13) 모교 14) 만인 15) 인생 16) 외삼촌
5. 1) ③ 2) ①

* 본 답안지는 컴퓨터로 처리되므로 구기거나 더럽혀지지 않도록 조심하시고 글씨를 칸 안에 또박또박 쓰십시오.

한자능력검정시험 8급 실전 모의테스트 답안지(3)

번호	답안란 정답	채점란 1검	2검	번호	답안란 정답	채점란 1검	2검
25				38			
26				39			
27				40			
28				41			
29				42			
30				43			
31				44			
32				45			
33				46			
34				47			
35				48			
36				49			
37				50			

수험번호 □□□-□□-□□□□ 성명 □□□□□

주민등록번호 □□□□□□-□□□□□□□ * 유성 싸인펜, 붉은색 필기구 사용불가.

* 답안지는 컴퓨터로 처리되므로 구기거나 더럽히지 마시고, 정답 칸 안에만 쓰십시오.
  글씨가 채점란으로 들어오면 오답처리가 됩니다.

한자능력검정시험 8급 실전 모의테스트 답안지(3)

번호	답안란 정답	채점란 1검	채점란 2검	번호	답안란 정답	채점란 1검	채점란 2검
1				13			
2				14			
3				15			
4				16			
5				17			
6				18			
7				19			
8				20			
9				21			
10				22			
11				23			
12				24			

감독위원	채점위원(1)	채점위원(2)	채점위원(3)
(서명)	(득점) (서명)	(득점) (서명)	(득점) (서명)

* 본 답안지는 컴퓨터로 처리되므로 구기거나 더럽혀지지 않도록 조심하시고 글씨를 칸 안에 또박또박 쓰십시오.

한자능력검정시험 8급 실전 모의테스트 답안지(2)

번호	답안란 정답	채점란 1검	2검	번호	답안란 정답	채점란 1검	2검
25				38			
26				39			
27				40			
28				41			
29				42			
30				43			
31				44			
32				45			
33				46			
34				47			
35				48			
36				49			
37				50			

수험번호 □□□-□□-□□□□　　성명 □□□□□
주민등록번호 □□□□□□-□□□□□□□　　* 유성 싸인펜, 붉은색 필기구 사용불가.

* 답안지는 컴퓨터로 처리되므로 구기거나 더럽히지 마시고, 정답 칸 안에만 쓰십시오.
  글씨가 채점란으로 들어오면 오답처리가 됩니다.

한자능력검정시험 8급 실전 모의테스트 답안지(2)

번호	답안란 정답	채점란 1검	채점란 2검	번호	답안란 정답	채점란 1검	채점란 2검
1				13			
2				14			
3				15			
4				16			
5				17			
6				18			
7				19			
8				20			
9				21			
10				22			
11				23			
12				24			

감독위원	채점위원(1)	채점위원(2)	채점위원(3)
(서명)	(득점) (서명)	(득점) (서명)	(득점) (서명)

* 본 답안지는 컴퓨터로 처리되므로 구기거나 더럽혀지지 않도록 조심하시고 글씨를 칸 안에 또박또박 쓰십시오.

한자능력검정시험 8급 실전 모의테스트 답안지(1)

번호	답안란 정답	채점란 1검	채점란 2검	번호	답안란 정답	채점란 1검	채점란 2검
25				38			
26				39			
27				40			
28				41			
29				42			
30				43			
31				44			
32				45			
33				46			
34				47			
35				48			
36				49			
37				50			

수험번호 □□□-□□-□□□□ 성명 □□□□□
주민등록번호 □□□□□□-□□□□□□□
* 유성 싸인펜, 붉은색 필기구 사용불가.

* 답안지는 컴퓨터로 처리되므로 구기거나 더럽히지 마시고, 정답 칸 안에만 쓰십시오.
  글씨가 채점란으로 들어오면 오답처리가 됩니다.

한자능력검정시험 8급 실전 모의테스트 답안지(1)

번호	답안란 정답	채점란 1검	채점란 2검	번호	답안란 정답	채점란 1검	채점란 2검
1				13			
2				14			
3				15			
4				16			
5				17			
6				18			
7				19			
8				20			
9				21			
10				22			
11				23			
12				24			

감독위원	채점위원(1)		채점위원(2)		채점위원(3)	
(서명)	(득점)	(서명)	(득점)	(서명)	(득점)	(서명)

◆ 漢字能力檢定試驗 8級 問題紙 ◆

실전모의 테스트 3

6 다음 漢字(한자)는 무슨 뜻이며, 어떤 소리[음]로 읽는가? 〈보기〉에서 찾아, 그 번호를 써 보자. (36~50)

─── 〈보기〉 ───
① 한   ② 소   ③ 서녘
④ 남   ⑤ 선   ⑥ 작다
⑦ 목   ⑧ 먼저 ⑨ 실
⑩ 동생 ⑪ 남녘 ⑫ 집·방
⑬ 나라이름·성 ⑭ 나무 ⑮ 서

36~37) 小는 ( )라는 뜻이고, ( )이라고 읽는다.

38~39) 木은 ( )라는 뜻이고 ( )이라고 읽는다.

40~41) 南은 ( )라는 뜻이고 ( )라고 읽는다.

42~43) 先은 ( )라는 뜻이고 ( )이라고 읽는다.

44~45) 韓는 ( )이라는 뜻이고 ( )이라고 읽는다.

46~47) 室은 ( )이라는 뜻이고 ( )이라고 읽는다.

48~49) 西는 ( )이라는 뜻이고 ( )라고 읽는다.

50) 弟은 ( )이라는 뜻이다.

◆ 漢字能力檢定試驗 8級 問題紙 ◆

4 다음 밑줄 친 낱말의 뜻에 알맞은 漢字(한자)를 〈보기〉에서 찾아, 그 번호를 써 보자. (26~32)

〈보기〉
① 水 ② 生 ③ 小 ④ 日
⑤ 先 ⑥ 大 ⑦ 外 ⑧ 月

(1) 사과를 <u>크고</u> <u>작게</u> 나누어 상자에 담았다.
(2) 산에 올라갔다가 목이 말라 약수터에서 <u>물</u>을 마셨다.
(3) 내가 <u>태어난</u> 곳은 시골 어촌 마을이다.
(4) 동생과 집 <u>밖</u>에서 놀았다.
(5) <u>달</u>은 동산 위에서 뜬다.
(6) <u>해</u>가 지면 곧 밤이 된다.

26. 크고
27. 작게
28. 물
29. 태어난
30. 밖(바깥)
31. 달
32. 해

5 아래 글의 'ㄱ'과 'ㄴ'의 밑줄 친 낱말에 공통으로 쓰이는 漢字(한자)를 〈보기〉에서 찾아, 그 번호를 써 보자. (33~35)

〈보기〉
① 先 ② 敎 ③ 四
④ 母 ⑤ 國 ⑥ 兄

33. ㄱ <u>부모</u>님은 우리를 무척 사랑한다.
    ㄴ <u>모녀</u>간에 정이 두텁다.
34. ㄱ 나는 <u>사</u>학년이 되었다.
    ㄴ 병수는 <u>사</u>층 집에 산다.
35. ㄱ 나라의 주인은 <u>국민</u>이다.
    ㄴ 우리 <u>국군</u>은 무척 용감하다.

◆ 漢字能力檢定試驗 8級 問題紙 ◆

실전모의 테스트 3

1 다음 글을 읽고 밑줄 친 漢字(한자)나 漢字語(한자어)의 讀音(독음)을 써 보자. (1~15)

〈보기〉
漢字 → 한자

(1) 母女사이란 어머니와 딸 사이를 말한다.
(2) 先生님께서 꽃 이름을 하나하나 가르쳐 주셨다.
(3) 中國의 수도는 베이징이다.
(4) 우리들의 예상이 十中八九 맞아 떨어질 것이다.
(5) 南山 위에 저 소나무 철갑을 두른 듯. 애국가의 2절 첫 부분이다.
(6) 등산길에 生水를 마셨다.
(7) 동생의 잘못은 明白했다.

1. 母   6. 十   11. 山
2. 女   7. 中   12. 生
3. 先生 8. 八   13. 水
4. 中   9. 九   14. 明
5. 國   10. 南   15. 白

2 다음 漢字(한자)의 訓(훈 : 뜻)과 音(음 : 소리)을 써 보자. (16~20)

〈보기〉
音 → 소리 음

16. 六
17. 北
18. 東
19. 木
20. 門

3 다음에 알맞은 漢字(한자)를 〈보기〉에서 찾아, 그 번호를 써 보자. (21~25)

〈보기〉
① 人   ② 軍   ③ 西
④ 三   ⑤ 王

21. 석 삼
22. 서녘 서
23. 군사 군
24. 사람 인
25. 임금 왕

◆ 漢字能力檢定試驗 8級 問題紙 ◆

실전모의 테스트 2

6 다음 漢字(한자)는 무슨 뜻이며, 어떤 소리[음]로 읽는가? 〈보기〉에서 찾아, 그 번호를 써 보자. (36~50)

─〈보기〉─
① 푸르다 ② 부 ③ 배우다
④ 북녘 ⑤ 대 ⑥ 청
⑦ 만 ⑧ 크다 ⑨ 아버지
⑩ 민 ⑪ 토 ⑫ 북
⑬ 백성 ⑭ 흙 ⑮ 일만·많음

36~37) 父는 ( ) 라는 뜻이고,
　　　( ) 라고 읽는다.

38~39) 大는 ( ) 라는 뜻이고,
　　　( ) 이라고 읽는다.

40~41) 民는 ( ) 이라는 뜻이고,
　　　( ) 이라고 읽는다.

42~43) 靑은 ( ) 라는 뜻이고,
　　　( ) 이라고 읽는다.

44~45) 北은 ( ) 이라는 뜻이고,
　　　( ) 이라고 읽는다.

46~47) 土은 ( ) 이라는 뜻이고,
　　　( ) 라고 읽는다.

48~49) 萬은 ( ) 이라는 뜻이고,
　　　( ) 이라고 읽는다.

50) 學은 ( ) 라는 뜻이다.

◆ 漢字能力檢定試驗 8級 問題紙 ◆

실전모의 테스트 2

4 다음 밑줄 친 낱말의 뜻에 알맞은 漢字(한자)를 〈보기〉에서 찾아, 그 번호를 써 보자.   (26~32)

─〈보기〉─
① 木 ② 父 ③ 北 ④ 白
⑤ 母 ⑥ 日 ⑦ 三 ⑧ 火

(1) <u>아버지</u>, <u>어머니</u> 말씀을 잘 듣는 것도 효도이다.
(2) 산에 <u>나무</u>가 푸르러 보기 좋다.
(3) <u>세</u> 살 버릇 여든까지 간다.
(4) 나무 사이로 <u>해</u>가 <u>불</u>처럼 빨갛게 보였다.
(5) 우리 민족은 <u>흰</u> 옷을 입는 백의 민족이다.

26. 아버지
27. 어머니
28. 나무
29. 세
30. 해
31. 불
32. 흰

5 아래 글의 'ㄱ'과 'ㄴ'의 밑줄 친 낱말에 공통으로 쓰이는 漢字(한자)를 〈보기〉에서 찾아, 그 번호를 써 보자.   (33~35)

─〈보기〉─
① 先 ② 大 ③ 學
④ 生 ⑤ 日 ⑥ 門

33. ㄱ <u>대문</u> 앞을 깨끗이 쓸자.
    ㄴ 동<u>대문</u>운동장에서 축구 경기를 한다.
34. ㄱ 형은 중학<u>생</u>이다.
    ㄴ 내 <u>생</u>일은 벌써 지났다.
35. ㄱ 영이는 나의 <u>선</u>배다.
    ㄴ 우리 <u>선</u>생님은 자상하시다.

◆ 漢字能力檢定試驗 8級 問題紙 ◆

실전모의 테스트 2

1 다음 글을 읽고 밑줄 친 漢字(한자)나 漢字語(한자어)의 讀音(독음)을 써 보자. (1~15)

─〈보기〉─
漢字 → 한자

(1) 六月 六日은 현충일이다. 이 날은 國립 묘지에 가서 참배한다.
(2) 南大門은 국보 1호이다.
(3) 지금 東北 쪽에서 바람이 분다.
(4) 父母님의 은혜는 가이없다.
(5) 白金은 가격이 매우 비싸다.
(6) 천 萬金을 주고도 못 사는 보물이 있다.
(7) 우리 國民들은 나라를 사랑하며 정직하다.
(8) 南北통일은 우리 민족의 바람이다.

1. 六   6. 大   11. 白
2. 月   7. 門   12. 金
3. 日   8. 東北 13. 萬金
4. 國   9. 父   14. 國民
5. 南   10. 母 15. 南北

2 다음 漢字(한자)의 訓(훈 : 뜻)과 音(음 : 소리)을 써 보자. (16~20)

─〈보기〉─
音 → 소리 음

16. 九
17. 年
18. 門
19. 小
20. 靑

3 다음에 알맞은 漢字(한자)를 〈보기〉에서 찾아, 그 번호를 써 보자. (21~25)

─〈보기〉─
① 水   ② 四   ③ 軍
④ 敎   ⑤ 中

21. 넉 사
22. 물 수
23. 가르칠 교
24. 군사 군
25. 가운데 중

◆ 漢字能力檢定試驗 8級 問題紙 ◆

실전모의 테스트 1

6 다음 漢字(한자)는 무슨 뜻이며, 어떤 소리[음]로 읽는가? 〈보기〉에서 찾아, 그 번호를 써 보자. (36~50)

〈보기〉
① 쇠·성 ② 메·뫼 ③ 금·김
④ 나다·살다 ⑤ 산 ⑥ 군
⑦ 마디 ⑧ 교 ⑨ 촌
⑩ 가르치다 ⑪ 맏이·형 ⑫ 생
⑬ 녀 ⑭ 여자, 계집 ⑮ 군대

36~37) 軍은 (   ) 라는 뜻이고, (   ) 이라고 읽는다.

38~39) 生은 (   ) 라는 뜻이고 (   ) 이라고 읽는다.

40~41) 女는 (   ) 라는 뜻이고 (   ) 라고 읽는다.

42~43) 山은 (   ) 이라는 뜻이고 (   ) 이라고 읽는다.

44~45) 寸은 (   ) 이라는 뜻이고 (   ) 이라고 읽는다.

46~47) 敎는 (   ) 라는 뜻이고 (   ) 라고 읽는다.

48~49) 金은 (   ) 이라는 뜻이고 (   ) 이라고 읽는다.

50) 兄은 (   ) 이라는 뜻이다.

◆ 漢字能力檢定試驗 8級 問題紙 ◆

실전모의 테스트 1

4 다음 밑줄 친 낱말의 뜻에 알맞은 漢字(한자)를 〈보기〉에서 찾아, 그 번호를 써 보자. (26~32)

〈보기〉
① 年 ② 女 ③ 大 ④ 南
⑤ 國 ⑥ 金 ⑦ 九 ⑧ 日

(1) 이번 야구 대회에서 <u>아홉</u> <u>나라</u>가 참가한 <u>큰</u> 대회이다.
(2) 두 팔을 벌리면 오른손 편이 <u>남</u>쪽이고, 왼손 편이 북쪽이다.
(3) 영순이네는 <u>딸</u>만 넷이다.
(4) 지난 <u>금</u>요일에 우리 집 식구가 산에 올라갔다.
(5) 철수는 1996<u>년</u>에 태어났다.

26. 아홉
27. 나라
28. 큰
29. 남
30. 딸
31. 금
32. 년

5 아래 글의 '㉠'과 '㉡'의 밑줄 친 낱말에 공통으로 쓰이는 漢字(한자)를 〈보기〉에서 찾아, 그 번호를 써 보자. (33~35)

〈보기〉
① 女 ② 敎 ③ 校
④ 國 ⑤ 年 ⑥ 金

33. ㉠ 철수는 학<u>교</u>에 간다.
    ㉡ 영수는 걸어서 등<u>교</u>한다.

34. ㉠ 우리 나라는 민주 <u>국</u>가이다.
    ㉡ 삼촌은 씩씩한 <u>국</u>군이다.

35. ㉠ 영순이는 그 집 장<u>녀</u>이다.
    ㉡ 숙희는 <u>여</u>고생이다.

◆ 漢字能力檢定試驗 8級 問題紙 ◆

실전모의 테스트 1

1 다음 글을 읽고 밑줄 친 漢字(한자)나 漢字語(한자어)의 讀音(독음)을 써 보자. (1~15)

〈보기〉
漢字 → 한자

(1) 돌잔치 선물로 金반지를 주었다.
(2) 아주 큰 차를 大형차라고 한다.
(3) 南쪽 해상에 구름이 많이 끼었다.
(4) 十月 一日은 國軍의 날이고, 十月 九日은 한글날이다.
(5) 우리 형제는 年年생으로 태어났다.
(6) 우리 형은 大學校에 다닌다.
(7) 靑白군으로 나누어 축구 시합을 했다.

1. 金   6. 一   11. 年年
2. 大   7. 日   12. 大
3. 南   8. 國   13. 學
4. 十   9. 軍   14. 校
5. 月   10. 九 15. 靑白

2 다음 漢字(한자)의 訓(훈 : 뜻)과 音(음 : 소리)을 써 보자. (16~20)

〈보기〉
音 → 소리 음

16. 小
17. 十
18. 生
19. 山
20. 室

3 다음에 알맞은 漢字(한자)를 에서 찾아, 그 번호를 써 보자. (21~25)

〈보기〉
① 萬 ② 父 ③ 白
④ 母 ⑤ 民

21. 일만 만
22. 백성 민
23. 어머니 · 어미 모
24. 흰 백
25. 아버지 · 아비 부

실 전
모의
테스트
TEST

*8급 한자 50자 총정리 NO.2

◎ 다음의 훈(뜻)과 음(소리)에 알맞은 한자를 빈 칸에 써 보시오.

학교 교	가르칠 교	아홉 구	나라 국	군사 군
쇠 금 / 성 김	남녘 남	계집 녀	해·나이 년	큰 대
동녘 동	여섯 륙	일만 만	어미 모	나무 목
문 문	백성 민	흰 백	아비 부	북녘 북 / 달아날 배
넉 사	메 산	석 삼	날·살 생	서녘 서
먼저 선	작을 소	물 수	집·방 실	열 십
다섯 오	임금 왕	바깥 외	달 월	두 이
사람 인	한 일	날 일	길·어른 장	아우 제
가운데 중	푸를 청	마디 촌	일곱 칠	흙 토
여덟 팔	배울 학	나라이름·성 한	형 형	불 화

연습문제

4 다음 한자어의 독음을 쓰시오.

1)	韓日		2)	土人	
3)	東國		4)	南山	
5)	室外		6)	中年	
7)	大學		8)	民生	
9)	國土		10)	小人	
11)	大中小		12)	三三五五	
13)	母校		14)	萬人	
15)	人生		16)	外三寸	

5 아래 글의 ㉠과 ㉡의 밑줄 친 낱말에 공통으로 쓰이는 漢字(한자)를 〈보기〉에서 찾아 그 번호를 써 넣으시오.

> 보기   ① 大   ② 學   ③ 日   ④ 一   ⑤ 門

1) ㉠ <u>일</u>본은 가까운 이웃 나라입니다.   (   )
   ㉡ 나는 매<u>일</u> 일기를 씁니다.

2) ㉠ 형은 <u>대</u>학교에서 근무하고 있습니다.   (   )
   ㉡ 우리집 <u>대</u>문은 파란색입니다.

85

연습문제 5 회

1 다음 글을 읽고 밑줄 친 한자어나 한자의 독음을 쓰시오.

1) <u>中學校</u>에 입학하니 새로운 친구가 생겼다.
   (   )

2) 1주일은 <u>日, 月, 火, 水, 木, 金, 土</u>의 7일이다.
                    (   )

3) <u>五學年</u> 교실은 <u>二</u>층에 있다.
   (   )   (   )

4) <u>韓國民</u>은 예로부터 흰옷을 즐겨 입었다.
   (   )

2 다음 빈 칸에 알맞은 말을 〈보기〉에서 골라 그 번호를 써 넣으시오.

<u>보기</u>   ① 어머니 ② 푸르다 ③ 장 ④ 만

1) 萬은 (   ) 이라고 읽습니다.

2) 靑는 (   ) 라는 뜻입니다.

3) 母는 (   ) 라는 뜻입니다.

4) 長은 (   ) 이라고 읽습니다.

3 九 ㉠획의 쓰는 순서를 아래에서 골라 번호를 쓰시오.   (   )

① 첫 번째 ② 두 번째 ③ 세 번째 ④ 네 번째

4. 다음 한자어의 독음을 쓰시오.

1)	水軍		2)	西山	
3)	中學生		4)	王室	
5)	父女		6)	敎室	
7)	靑山		8)	父母	
9)	大王		10)	日月	
11)	白人		12)	國王	
13)	水中		14)	東大門	
15)	生年月日				

5. 아래 글의 ㉠과 ㉡의 밑줄 친 낱말에 공통으로 쓰이는 漢字(한자)를 〈보기〉에서 찾아 그 번호를 써 넣으시오.

보기   ① 七   ② 生   ③ 先   ④ 一   ⑤ 王

34) ㉠ 일주일은 칠일이다.   (   )

㉡ 내년이면 나는 일학년이 된다.

35) ㉠ 선생님은 너무나 고마운 분이시다.   (   )

㉡ 선대의 임금을 선왕이라고 한다.

연습문제 4 회

1 다음 글을 읽고 밑줄 친 한자어나 한자의 독음을 쓰시오.

1) 日月은 천지를 비추는 거울이다.
   (   )

2) 안개 때문에 東西南北을 분간할 수 없다.
          (   )

3) 그는 靑山유수처럼 말을 아주 잘 한다.
        (   )

4) 人生을 살아가는 데는 주체성이 있어야 한다.

2 다음 빈 칸에 알맞은 말을 〈보기〉에서 골라 그 번호를 써 넣으시오.

> **보기** ① 흙 ② 년 ③ 나무 ④ 구

1) 九는 (   )라고 읽습니다.

2) 木은 (   )이라는 뜻입니다.

3) 土은 (   )이라는 뜻입니다.

4) 年은 (   )이라고 읽습니다.

3 門 ㉠획의 쓰는 순서를 아래에서 골라 번호를 쓰시오. (   )

① 다섯 번째 ② 여섯 번째 ③ 일곱 번째 ④ 여덟 번째

4 다음 한자어의 독음을 쓰시오.

1)	火山		2)	王子	
3)	生日		4)	敎生	
5)	山水		6)	王國	
7)	五六月		8)	女軍	
9)	母子		10)	靑年	
11)	先人		12)	學父兄	
13)	南韓		14)	小國	
15)	大人		16)	三月	

5 아래 글의 ㉠과 ㉡의 밑줄 친 낱말에 공통으로 쓰이는 漢字(한자)를 〈보기〉에서 찾아 그 번호를 써 넣으시오.

> 보기　① 西　② 北　③ 水　④ 山　⑤ 生

1) ㉠ 어느덧 해는 서산으로 기울고 있었다.　　　(　　)

　㉡ 방위는 동서남북으로 나타낸다.

2) ㉠ 목이 말라 생수를 사서 마셨다.　　　(　　)

　㉡ 친구 생일 파티에 초대받았다.

연습문제 3회

1 다음 글을 읽고 밑줄 친 한자어나 한자의 독음을 쓰시오.

1) 선생님께서는 지금 敎室에 계신다.
   (   )

2) 木요일 다음은 金요일이다.
   (   )   (   )

3) 우리 三寸은 나라를 지키는 씩씩한 國軍이다.
   (   )   (   )

4) 五月은 계절의 女王이라고 한다.
   (   )   (   )

2 다음 빈 칸에 알맞은 말을 〈보기〉에서 골라 그 번호를 써 넣으시오.

> 보기   ① 크다 ② 부 ③ 촌 ④ 달

1) 父는 (   )라고 읽습니다.

2) 月은 (   )이라는 뜻입니다.

3) 寸은 (   )이라고 읽습니다.

4) 大은 (   )라는 뜻입니다.

3 王 ㉠획의 쓰는 순서를 아래에서 골라 번호를 쓰시오. (   )

① 첫 번째 ② 두 번째 ③ 세 번째 ④ 네 번째

연습문제

4 다음 한자어의 독음을 쓰시오.

1)	一學年		2)	外國人	
3)	大門		4)	軍人	
5)	韓國		6)	白軍	
7)	母女		8)	父兄	
9)	母國		10)	生長	
11)	水門		12)	門中	
13)	年金		14)	南大門	
15)	父子		16)	山中	

5 아래 글의 ㉠과 ㉡의 밑줄 친 낱말에 공통으로 쓰이는 漢字(한자)를 〈보기〉에서 찾아 그 번호를 써 넣으시오.

보기   ① 中   ② 弟   ③ 校   ④ 學   ⑤ 水

1) ㉠ 나는 사촌 형제가 많다.   (   )

㉡ 나는 선생님의 제자이다.

2) ㉠ 오랜만에 학교에 갔다.   (   )

㉡ 학생의 본분은 열심히 공부하는 것이다.

연습문제 2 회

1 다음 글을 읽고 밑줄 친 한자어나 한자의 독음을 쓰시오.

1) <u>校長</u> 선생님께서 교훈을 친절히 설명해 주셨다.
   (   )

2) 학생들이 <u>三三五五</u> 짝을 지어 걷고 있다.
              (   )

3) 우리 나라는 지금 <u>南</u>과 <u>北</u>으로 갈라져 있다.
                    (   )(   )

4) <u>六月</u> <u>六日</u>은 현충일이다.
   (   )(   )

2 다음 빈 칸에 알맞은 말을 〈보기〉에서 골라 그 번호를 써 넣으시오.

| 보기 | ① 바깥 ② 먼저 ③ 제 ④ 희다 |

1) 白은 (   )라는 뜻입니다.

2) 先은 (   )라는 뜻입니다.

3) 弟은 (   )라고 읽습니다.

4) 外은 (   )이라는 뜻입니다.

3 北 ㉠획의 쓰는 순서를 아래에서 골라 번호를 쓰시오. (   )

① 두 번째 ② 세 번째 ③ 네 번째 ④ 다섯 번째

연습문제

4 다음 한자어의 독음을 쓰시오.

1)	七日		2)	年月日	
3)	校門		4)	先王	
5)	十中八九		6)	西學	
7)	北韓		8)	土人	
9)	靑軍		10)	三國	
11)	弟子		12)	國軍	
13)	長女		14)	生水	
15)	萬一		16)	一日	

5 아래 글의 ㉠과 ㉡의 밑줄 친 낱말에 공통으로 쓰이는 漢字(한자)를 〈보기〉에서 찾아 그 번호를 써 넣으시오.

　　보기　　① 中　② 國　③ 校　④ 五　⑤ 韓

1) ㉠ 동생의 나이는 <u>오</u> 세이다. 　　　　　　　　(　　　)

　㉡ 우리 학교가 개교한 지 <u>오</u>십 주년이다.

2) ㉠ 돌고래의 모습을 수<u>중</u> 촬영했다. 　　　　　　(　　　)

　㉡ 우리들이 졸업하면 <u>중</u>학교 동창생이 된다.

연습문제 1회

1 다음 글을 읽고 밑줄 친 한자어나 한자의 독음을 쓰시오.

1) <u>父母</u>님 말씀을 잘 듣는 것도 효도이다.
   (   )

2) 우리 <u>學校</u>에는 여러 <u>先生</u>님이 계신다.
   (   )   (   )

3) <u>山</u>에는 <u>生木</u>이 무성하다.
   (   )(   )

4) 고향 <u>山水</u>는 어머니의 품과 같다.
   (   )

2 다음 빈 칸에 알맞은 말을 〈보기〉에서 골라 그 번호를 써 넣으시오.

보기   ① 동쪽   ② 왕   ③ 둘   ④ 민

1) 王은 (   )이라고 읽습니다.

2) 東은 (   )이라는 뜻입니다.

3) 二는 (   )라는 뜻입니다.

4) 民은 (   )라고 읽습니다.

3 室ⓐ ㉠획의 쓰는 순서를 아래에서 골라 번호를 쓰시오. (   )

① 일곱 번째   ② 여덟 번째   ③ 다섯 번째   ④ 여섯 번째

연습문제

✱ 8급 한자 50자 총정리 NO.1

● 다음 한자의 훈(뜻)과 음(소리)을 빈 칸에 써 보시오.

校	敎	九	國	軍
金	南	女	年	大
東	六	萬	母	木
門	民	白	父	北
四	山	三	生	西
先	小	水	室	十
五	王	外	月	二
人	一	日	長	弟
中	靑	寸	七	土
八	學	韓	兄	火

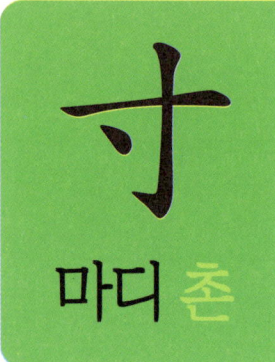

마디 촌

손가락 마디 모양을 본떠 만든 글자로 가족 관계와 길이의 단위로 쓰임.

- 寸數(촌수) 친족간의 멀고 가까운 정도를 나타내는 수.
- 三寸(삼촌) 아버지의 친형제.
- 外三寸(외삼촌) 어머니의 남형제.
- 四寸(사촌) 아버지 친형제의 아들딸.

부수	寸(마디촌)
총획	3획
뜻	마디

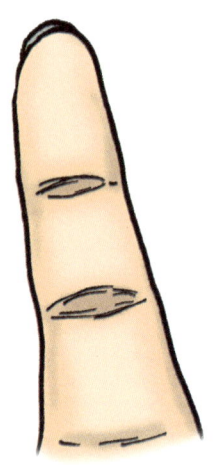

一 十 寸

아래의 한자를 써보세요.

寸	寸	寸	寸	寸	寸	寸	寸	寸	寸
마디 촌	마디 촌	마디 촌	마디 촌	마디 촌	마디 촌	마디 촌	마디 촌	마디 촌	마디 촌
寸	寸	寸	寸	寸	寸	寸	寸	寸	寸

三寸	三寸	三寸	三寸	三寸
삼촌	삼촌	삼촌	삼촌	삼촌

길·어른 장

수염과 머리카락이 긴 노인이 지팡이를 짚고 있는 모양을 본뜬 글자로 '길다, 어른'을 뜻함.

- 長女(장녀) 큰딸. 맏딸.
- 年長(연장) 자기보다 나이가 많음.
- 長大(장대) 길고 큼.
- 校長(교장) 학교장의 준말로 학교에서 제일 높으신 분.

부수	長(길장)
총획	8획
뜻	길다, 멀다, 오래되다

長長長長長長長長

✗ 아래의 한자를 써보세요.

長 長 長 長 長 長 長 長 長 長
길장 길장 길장 길장 길장 길장 길장 길장 길장 길장

長 長 長 長 長 長 長 長 長 長

校長 校長 校長 校長 校長
교장 교장 교장 교장 교장

저녁 석(夕)과 점 복(卜)으로 이루어진 글자로
'바깥, 겉'을 뜻함.

- 外國(외국) 우리 나라 주권이 미치지 않는 국가 또는 국토. 다른 나라.
- 內外(내외) 안과 밖. 국내와 국외.
- 校外(교외) 학교 밖.
- 外三寸(외삼촌) 어머니의 오빠나 남동생.

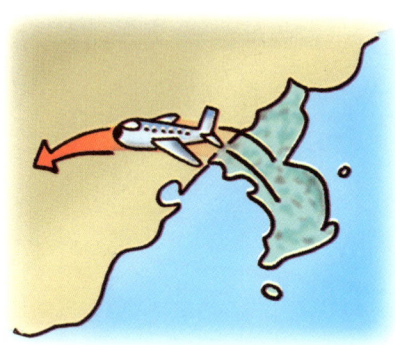

부수	夕(저녁석)
총획	5획
뜻	바깥

外 外 夕 外 外

✱ 아래의 한자를 써보세요.

外	外	外	外	外	外	外	外	外	外
바깥 외	바깥 외	바깥 외	바깥 외	바깥 외	바깥 외	바깥 외	바깥 외	바깥 외	바깥 외
外	外	外	外	外	外	外	外	外	外

外國	外國	外國	外國	外國
외국	외국	외국	외국	외국

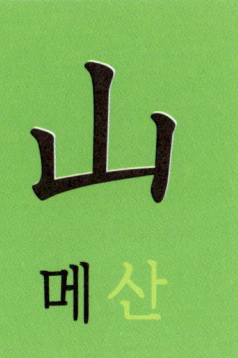

메 산

산이 연달아 솟아 있는 모양을 본뜬 글자.

- 山中(산중) 산 속.
- 靑山(청산) 나무가 무성하여 푸른 산.
- 山水(산수) 산과 물. 자연의 경치.

부수	山(메산)
총획	3획
뜻	산, 뫼

山 山 山

아래의 한자를 써보세요.

山	山	山	山	山	山	山	山	山	山
메산	메산	메산	메산	메산	메산	메산	메산	메산	메산
山	山	山	山	山	山	山	山	山	山

山水	山水	山水	山水	山水
산수	산수	산수	산수	산수

두 개의 문짝이 있는 문의 모양을 본뜬 글자로 '문, 집안'을 뜻함.

- 門前(문전) 대문 앞.
- 南大門(남대문) 서울에 있는 '숭례문'의 딴 이름. 국보 1호.
- 東大門(동대문) 보물 제1호로 서울 도성에 딸린 8문 중의 하나로 원래의 이름은 흥인지문이다.
- 門中(문중) 성과 본이 같은 가까운 집안.

부수	門(문문)
총획	8획
뜻	문, 집안, 동문

門 門 門 門 門 門 門 門

✱ 아래의 한자를 써보세요.

萬 일만 만

'전갈'의 모양을 본뜬 글자. 수효가 많은 것으로 '일만, 여러 가지'를 뜻함.

- 萬民(만민) 모든 백성. 만백성.
- 十萬(십만) 만의 열 배가 되는 수.
- 萬國(만국) 모든 나라.
- 萬人(만인) 아주 많은 사람. 모든 사람.

부수	艹(풀초머리)
총획	13획
뜻	일만, 많다

萬萬萬萬萬萬萬萬萬

아래의 한자를 써보세요.

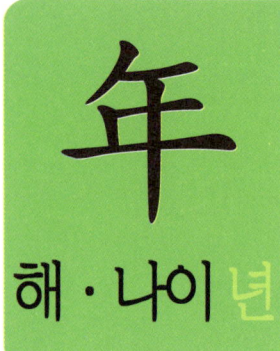

年
해 · 나이 년

벼(禾)가 익어 수확하면, 한 해가 바뀌는데 이를 매년 반복하다 보니 어느덧 '나이'를 먹었다는 뜻.

- 年中(연중) 그 해의 동안.
- 學年(학년) 1년간의 학습 과정의 단위.
- 靑年(청년) 젊은 남자. 젊은 사람.
- 中年(중년) 마흔 살 안팎의 나이인 사람.

부수	干(방패간)
총획	6획
뜻	해, 나이

年 年 年 年 年 年

아래의 한자를 써보세요.

年	年	年	年	年	年	年	年	年	年
해년	해년	해년	해년	해년	해년	해년	해년	해년	해년
年	年	年	年	年	年	年	年	年	年

學年	學年	學年	學年	學年
학년	학년	학년	학년	학년

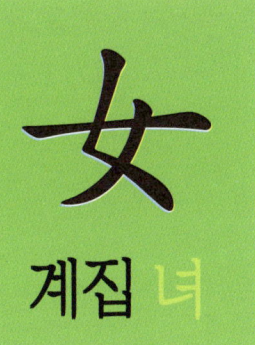

女 계집 녀

손을 앞으로 모으고 무릎을 꿇어 가지런히 앉아 있는 '여자'의 모양을 본뜬 글자.

- 女軍(여군) 여자 군인으로 조직된 군대. 군인으로 복무하는 여자.
- 女人(여인) 여성인 사람.
- 父女(부녀) 아버지와 딸
- 長女(장녀) 집안의 큰딸, 맏딸

부수	女(계집녀)
총획	3획
뜻	여자, 딸

女 女 女

아래의 한자를 써보세요.

백성 민

사람이 집에 많음을 나타낸 글자로 백성과 국민을 뜻함.

- 國民(국민) 한 나라의 통치권 아래에 결합해 국가를 구성하고 있는 사람.
- 民生(민생) 일반 국민의 생활 또는 생계. 생명을 가진 백성. 생민.
- 人民(인민) 사회를 구성하는 사람. 국민.

부수	氏(각시씨)
총획	5획
뜻	백성, 국민

民 民 民 民 民

✱ 아래의 한자를 써보세요.

王
임금 왕

부수	王(玉 구슬옥)
총획	4획
뜻	임금

'三'은 天地人(천지인 : 하늘, 땅, 사람)을 가리키고 'ㅣ'은 이것을 꿰뚫는 것을 나타냄. 또, 임금을 상징하는 도끼 모양을 본떴다고도 함.

- 王國(왕국) 임금이 다스리는 나라.
- 王子(왕자) 임금의 아들.
- 大王(대왕) 훌륭하고 업적이 뛰어난 왕.
- 女王(여왕) 여자 임금.

王 王 王 王

아래의 한자를 써보세요.

王	王	王	王	王	王	王	王	王	王
임금왕	임금왕	임금왕	임금왕	임금왕	임금왕	임금왕	임금왕	임금왕	임금왕
王	王	王	王	王	王	王	王	王	王

王子	王子	王子	王子	王子
왕자	왕자	왕자	왕자	왕자

人 사람 인

사람이 허리를 약간 굽혀 팔을 뻗치고 서 있는 옆모습을 본뜬 글자로 '사람'을 뜻함.

- 人民(인민) 사회를 구성하는 사람. 백성. 국가를 구성하고 있는 자연인.
- 人生(인생) 사람의 목숨. 사람이 살아 있는 동안.
- 大人(대인) 어른. 성인. 거인.

부수	人(사람인)
총획	2획
뜻	사람

아래의 한자를 써보세요.

人 人

軍
군사 군

부수	車(수레거)
총획	9획
뜻	군사

병사들이 전차(車)를 둘러싸고 있는 모습을 본뜬 글자로 '군사, 진(陣)치다'를 뜻함.

- 軍人(군인) 군대에서 복무하는 모든 장교와 사병을 말함.
- 軍中(군중) 군대의 안. 군인의 몸으로 전쟁터에 나가 있는 동안.

軍軍軍軍軍軍軍軍

아래의 한자를 써보세요.

나라 국

병사가 무기(戈 : 창)를 들고 자기 위치(一)에 서서 영토(囗)를 지키는 모양의 글자로 '나라'를 뜻함.

- 國民(국민) 한 나라의 통치권 밑에 같은 국적을 가진 사람.
- 國土(국토) 나라의 땅.
- 王國(왕국) 임금이 다스리는 나라.

부수	囗(큰입구몸)
총획	11획
뜻	나라

國 國 國 國 國 國 國 國 國

아래의 한자를 써보세요.

國	國	國	國	國	國	國	國	國	國
나라 국	나라 국	나라 국	나라 국	나라 국	나라 국	나라 국	나라 국	나라 국	나라 국
國	國	國	國	國	國	國	國	國	國

國土	國土	國土	國土	國土
국토	국토	국토	국토	국토

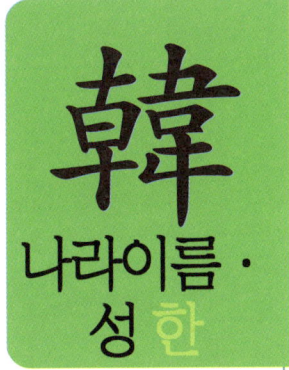

나라이름·성 한

해 돋을 간(龺)과 성의 둘레인 울타리 위(韋)를 합한 글자로, 군사들이 성 둘레를 지키는 해 돋는 쪽의 '나라'를 뜻함.

- 韓國(한국) 대한민국의 준말.
- 韓中(한중) 한국과 중국.
- 韓日(한일) 한국과 일본.

부수	韋(가죽위)
총획	17획
뜻	나라이름, 성씨

韓 韓 韓 韓 韓 韓 韓 韓 韓

✱ 아래의 한자를 써보세요.

生
날 · 살 생

초목의 새싹이 땅 위로 솟아나오는 모양을 본뜬 글자로 '나다, 자라다'를 뜻함.

- 生日(생일) 태어난 날.
- 生水(생수) 끓이거나 소독하거나 하지 않은 맑은 샘물.
- 生長(생장) 나서 자라거나 큼.
- 人生(인생) 사람이 세상에 사는 동안. 또는 그 동안의 생활.

부수	生(날생)
총획	5획
뜻	낳다, 살다

生 生 生 生 生

아래의 한자를 써보세요.

生	生	生	生	生	生	生	生	生	生
날생	날생	날생	날생	날생	날생	날생	날생	날생	날생
生	生	生	生	生	生	生	生	生	生

生日	生日	生日	生日	生日
생일	생일	생일	생일	생일

한자능력검정시험 8급

먼저 선

부수	儿(어진사람인발)
총획	6획
뜻	먼저, 앞서다, 옛날

남보다 앞서가는 사람을 나타낸 글자로 '앞서다, 먼저'를 뜻함.

- 先生(선생) 교사의 존칭. 학예가 뛰어난 사람의 존칭. 남의 경칭.
- 先王(선왕) 선대의 임금. 옛날의 성군.
- 先人(선인) 조상. 선조. 옛날 사람.

先 先 先 先 先 先

아래의 한자를 써보세요.

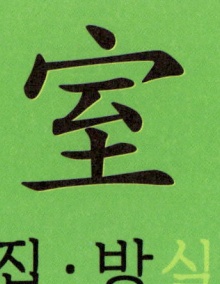

집 · 방 실

사람이 일과를 마치고 가는(至) 곳(宀)이 바로 '집'임을 나타냄.

- 室外(실외) 방의 밖.
- 王室(왕실) 왕의 집안. 왕가.
- 敎室(교실) 학교에서 학생들이 수업하는 방.

부수	宀(갓머리)
총획	9획
뜻	집, 방

室室室室室室室室室

아래의 한자를 써보세요.

室	室	室	室	室	室	室	室	室	室
집실	집실	집실	집실	집실	집실	집실	집실	집실	집실
室	室	室	室	室	室	室	室	室	室

王室	王室	王室	王室	王室
왕실	왕실	왕실	왕실	왕실

가르칠 교

부수	攵(攵등글월문)
총획	11획
뜻	가르치다

어른과 아이와 회초리를 합친 글자로, '가르치다'라는 뜻을 나타냄.

- 敎室(교실) 학교에서 학생들이 수업하는 방.
- 敎學(교학) 교육과 학문.
- 敎生(교생) '교육 실습생'의 준말로 정식으로 선생님이 되기 전 학교에서 실습하는 예비 선생님을 일컬음.

敎 敎 敎 敎 敎 敎 敎 敎 敎

▶ 아래의 한자를 써보세요.

敎	敎	敎	敎	敎	敎	敎	敎	敎	敎
가르칠 교	가르칠 교	가르칠 교	가르칠 교	가르칠 교	가르칠 교	가르칠 교	가르칠 교	가르칠 교	가르칠 교
敎	敎	敎	敎	敎	敎	敎	敎	敎	敎

敎室	敎室	敎室	敎室	敎室
교실	교실	교실	교실	교실

校 학교 교

나무(木)를 걸쳐서(交) 만든 형구(형틀)로, 사람의 인성을 바로잡는 곳, 즉 '학교'를 뜻함.

- 校外(교외) 학교의 밖.
- 校門(교문) 학교의 정문.
- 校長(교장) 학교를 지휘, 감독하는 최고 책임자.
- 學校(학교) 학생을 가르치는 곳.

부수	木(나무목)
총획	10획
뜻	학교

校校校校校校校校校

✳ 아래의 한자를 써보세요.

校	校	校	校	校	校	校	校	校	校
학교 교	학교 교	학교 교	학교 교	학교 교	학교 교	학교 교	학교 교	학교 교	학교 교
校	校	校	校	校	校	校	校	校	校

校外	校外	校外	校外	校外
교외	교외	교외	교외	교외

배울 학

부수	子(아들자)
총획	16획
뜻	배우다, 학문, 학교

양 손으로 보자기를 뒤집어쓴 무지한 아이(子)를 잘 가르치는 모양으로 '배우다'를 뜻함.

- 學校(학교) 학생들을 가르치는 공공 교육 기관. 또는 그러한 기관의 건물.
- 學父兄(학부형) 취학 중의 아동이나 학생의 보호자.
- 學生(학생) 학교에서 공부하는 사람. 학예를 배우는 사람.

아래의 한자를 써보세요.

學 學 學 學 學 學 學 學 學 學
배울 학

學 學 學 學 學 學 學 學 學 學

學校 學校 學校 學校 學校
학교

날 일(日)과 내리쬐는 햇살이 비치는 모양으로 '희다, 밝다'를 뜻함.

- 白人(백인) 피부 색깔이 하얀 인종을 일컫는 말.
- 白金(백금) 은백색의 귀금속.
- 明白(명백) 어떤 일이 분명하고 뚜렷함.

부수	白(흰백)
총획	5획
뜻	희다, 밝다, 알리다

白 白 白 白 白

아래의 한자를 써보세요.

青 푸를 청

날 생(主·生)과 붉을 단(丹). 새싹이 붉은 빛으로 돋아났다가 푸른색으로 변하여 '푸르다'를 뜻함.

- 青山(청산) 나무가 무성하여 푸른 산.
- 青年(청년) 청춘기에 있는 젊은 사람. 특히 남자를 일컬음.
- 青軍(청군) 운동 경기 등에서, 여러 편으로 갈라 겨룰 때, 푸른 빛깔을 사용하는 쪽의 편.

부수	靑(푸를청)
총획	8획
뜻	푸르다, 젊다

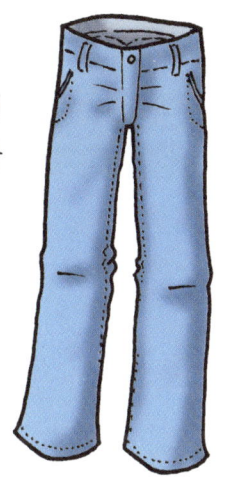

아래의 한자를 써보세요.

青 青 青 青 青 青 青 青

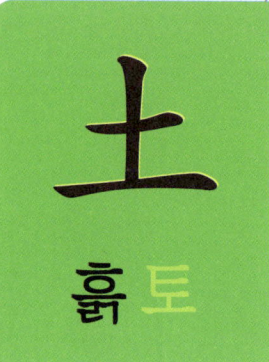

초목의 새싹이 땅 위로 솟아오르며 자라는 모양을 본뜬 글자. 새싹을 자라게 하는 '흙'을 뜻함.

- 土木(토목) 목재나 철재·흙 등을 사용해 도로나 둑·교량 등을 건설하는 등의 일. 토목공사의 준말.
- 土山(토산) 흙으로만 이루어진 산.
- 國土(국토) 나라의 땅.

부수	土(흙 토)
총획	3획
뜻	흙, 땅

土 土 土

아래의 한자를 써보세요.

土	土	土	土	土	土	土	土	土	土
흙토	흙토	흙토	흙토	흙토	흙토	흙토	흙토	흙토	흙토
土	土	土	土	土	土	土	土	土	土

國土	國土	國土	國土	國土
국토	국토	국토	국토	국토

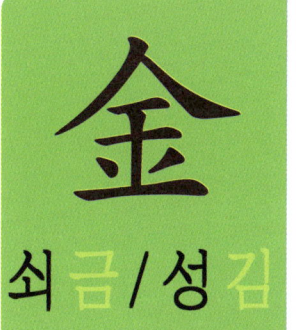

金
쇠금/성김

덮여 있는 흙 속에서 반짝인다는 의미가 합쳐져 흙 속에서 빛을 발하는 '금, 쇠'를 뜻함.

- 金山(금산) 금을 캐는 광산. 금광.
- 金先生(김선생) 김씨 성을 가진 선생님.
- 萬金(만금) 매우 많은 돈.

부수	金(쇠금)
총획	8획
뜻	쇠, 돈

丿 𠆢 全 全 全 金 金 金

아래의 한자를 써보세요.

金	金	金	金	金	金	金	金	金	金
쇠금	쇠금	쇠금	쇠금	쇠금	쇠금	쇠금	쇠금	쇠금	쇠금
金	金	金	金	金	金	金	金	金	金

萬金	萬金	萬金	萬金	萬金
만금	만금	만금	만금	만금

나무 목

부수	木(나무목)
총획	4획
뜻	나무

나뭇가지와 뿌리의 모양을 본떠서 만든 글자.

- 生木(생목) 생나무.
- 土木(토목) 목재나 철재·흙 등을 사용해 도로나 둑·교량 등을 건설하는 등의 일. 토목공사의 준말.

木 十 木 木

아래의 한자를 써보세요.

木	木	木	木	木	木	木	木	木	木
나무 목	나무 목	나무 목	나무 목	나무 목	나무 목	나무 목	나무 목	나무 목	나무 목
木	木	木	木	木	木	木	木	木	木

土木	土木	土木	土木	土木
토목	토목	토목	토목	토목

물이 흐르는 모양을 본떠서 만든 글자.

- 水生(수생) 물 속에서 생겨남. 물 속이나 수면에서 사는 일.
- 水門(수문) 물의 양을 조절하는 문. 물문.
- 水中(수중) 물 속.

부수	水(물수)
총획	4획
뜻	물

水 水 水 水

아래의 한자를 써보세요.

水	水	水	水	水	水	水	水	水	水
물수	물수	물수	물수	물수	물수	물수	물수	물수	물수
水	水	水	水	水	水	水	水	水	水

水中	水中	水中	水中	水中
수중	수중	수중	수중	수중

火 불화

불이 활활 타오르는 모양을 본뜬 글자.

- 火力(화력) 불의 힘. 총포의 힘. *力(힘 력)
- 火山(화산) 땅 속의 뜨거운 마그마와 가스 등이 지표를 뚫고 나와 만들어진 산.

부수	火(불화)
총획	4획
뜻	불, 불사르다

火火火火

아래의 한자를 써보세요.

달은 차츰 커져 만월이 되고 그 만월이 차츰 일그러져 그믐달이 되는 까닭에 이지러진 달을 본뜬 글자.

- 年月日(연월일) 해와 달과 날을 아울러 밝히는 날짜.
- 月中(월중) 그 달 동안.
- 日月(일월) 해와 달.

부수	月(달월)
총획	4획
뜻	달, 매월

月 月 月 月

아래의 한자를 써보세요.

月	月	月	月	月	月	月	月	月	月
달월	달월	달월	달월	달월	달월	달월	달월	달월	달월
月	月	月	月	月	月	月	月	月	月

日月	日月	日月	日月	日月
일월	일월	일월	일월	일월

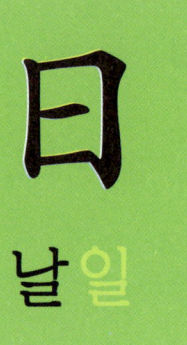

날 일

해의 모양을 본뜬 글자로 '해'와 '하루'를 뜻함.

- 日月(일월) 해와 달. 날과 달.
- 日日(일일) 그날그날. 하루하루.
- 韓日(한일) 한국과 일본.
- 日記(일기) 그날그날 겪은 일이나 감상 등을 적은 개인의 기록.

* 記(기록할 기)

부수	日(날일)
총획	4획
뜻	해, 날

日 日 日 日

아래의 한자를 써보세요.

小 작을 소

큰 물체에서 떨어져 나간 작은 점 세 개. 또는 막대기로 양쪽에 나눠 놓은 물건을 나타내는 글자로 '작다'를 뜻함.

- 小生(소생) '자기'의 낮춤말.
- 小人(소인) 도량이 좁고 간사한 사람. 나이 어린 사람. 키 작은 사람.
- 小國(소국) 작은 나라.

부수	小(작을 소)
총획	3획
뜻	작다, 낮추다

小 小 小

아래의 한자를 써보세요.

小	小	小	小	小	小	小	小	小	小
작을 소	작을 소	작을 소	작을 소	작을 소	작을 소	작을 소	작을 소	작을 소	작을 소
小	小	小	小	小	小	小	小	小	小

小人	小人	小人	小人	小人
소인	소인	소인	소인	소인

사물(口)의 한가운데를 꿰뚫는(│: 뚫을 곤) 모양을 본떠 '가운데'를 뜻함.

- 中年(중년) 인생의 중간쯤에 해당하는 마흔 안팎의 나이.
- 中國(중국) 정식명칭은 중화인민공화국이고, 수도는 베이징이다.
- 山中(산중) 산 속.

부수	│(뚫을곤)
총획	4획
뜻	가운데, 안, 속

口口口中

✱ 아래의 한자를 써보세요.

中	中	中	中	中	中	中	中	中	中
가운데 중	가운데 중	가운데 중	가운데 중	가운데 중	가운데 중	가운데 중	가운데 중	가운데 중	가운데 중
中	中	中	中	中	中	中	中	中	中

山中	山中	山中	山中	山中
산중	산중	산중	산중	산중

大
큰 대

부수	大(큰대)
총획	3획
뜻	크다

사람이 팔과 다리를 크게 벌리고 서 있는 모양(大)을 본뜬 글자로 '크다, 많다'를 뜻함.

- 大國(대국) 땅이 넓거나 경제력이 큰 나라.
- 大小(대소) 사물의 크고 작음.
- 大人(대인) 거인. 성인. 남의 아버지에 대한 존칭.
- 大學(대학) 고등 교육 기관의 한 가지.

大 大 大

아래의 한자를 써보세요.

北

북녘 북
달아날 배

부수	匕(비수비)
총획	5획
뜻	북쪽, 달아나다

서로 등 돌리고 서 있는 옆모양을 본뜬 글자.
서로 등지고 있어서 남녘의 반대 '북녘'을 뜻함.

- 北門(북문) 북쪽의 문.
- 北國(북국) 북쪽에 위치한 나라.
- 北軍(북군) 미국의 남북 전쟁 때 북부 여러 주의 군대를 이르던 말.
- 敗北(패배) 경기나 싸움 따위에서 상대방에게 짐.

*敗(패할 패)

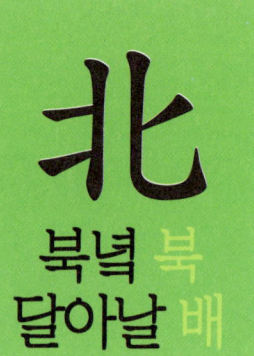

北 北 北 北 北

아래의 한자를 써보세요.

北	北	北	北	北	北	北	北	北	北
북녘 북	북녘 북	북녘 북	북녘 북	북녘 북	북녘 북	북녘 북	북녘 북	북녘 북	북녘 북
北	北	北	北	北	北	北	北	北	北

北韓	北韓	北韓	北韓	北韓
북한	북한	북한	북한	북한

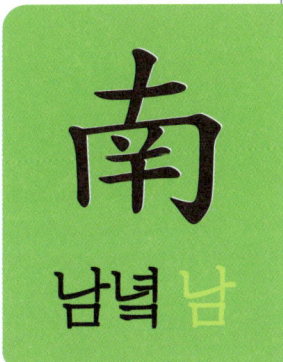

南
남녘 남

집의 남쪽 처마 밑 양지바른 곳에서 초목의 싹이 잘 자라는 모습을 나타낸 글자.

- 南國(남국) 남쪽에 위치한 나라.
- 南大門(남대문) 남쪽의 대문, 조선 시대 서울을 둘러싼 성문 중의 하나. 국보 1호. 숭례문.
- 南北(남북) 남쪽과 북쪽.

부수	十(열십)
총획	9획
뜻	남쪽

南 南 南 南 南 南 南 南 南

아래의 한자를 써보세요.

서녘 서

둥지 위에 새가 있는 모양. 새가 둥지에 돌아올 때는 해가 서쪽으로 저무는 것으로, '서녘'을 뜻함.

- 西山(서산) 서쪽에 있는 산. 해가 지는 쪽의 산.
- 西北西(서북서) 서쪽과 서북쪽의 중간이 되는 방위.

부수	襾(덮을아)
총획	6획
뜻	서쪽

西 厂 后 丙 西 西

아래의 한자를 써보세요.

西	西	西	西	西	西	西	西	西	西
서녘 서	서녘 서	서녘 서	서녘 서	서녘 서	서녘 서	서녘 서	서녘 서	서녘 서	서녘 서
西	西	西	西	西	西	西	西	西	西

西山	西山	西山	西山	西山
서산	서산	서산	서산	서산

東 동녘 동

아침 해(日)가 떠서 나뭇가지(木)에 걸려 있는 '동쪽'을 뜻함.

- 東學(동학) 조선 말기, 최제우가 창도한 민족 종교. 천도교.
- 東西(동서) 동쪽과 서쪽. 동양과 서양.
- 東國(동국) 동쪽의 나라. 옛날, '우리나라'를 중국에 대하여 이르던 말.
- 東大門(동대문) 서울 도성에 딸린 8문 중의 하나로 보물 제1호. 흥인지문.

부수	木(나무목)
총획	8획
뜻	동쪽

아래의 한자를 써보세요.

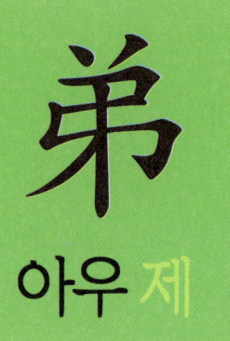

아우 제

형제간의 순서 중 아래인 '아우'를 뜻함.

- 女弟(여제) 누이동생.
- 兄弟(형제) 형과 아우. 동기.
- 弟子(제자) 가르침을 받고 있거나 받은 사람.

부수	弓(활궁)
총획	7획
뜻	아우, 제자

弟弟弟弟弟弟弟

아래의 한자를 써보세요.

弟	弟	弟	弟	弟	弟	弟	弟	弟	弟
아우 제	아우 제	아우 제	아우 제	아우 제	아우 제	아우 제	아우 제	아우 제	아우 제
弟	弟	弟	弟	弟	弟	弟	弟	弟	弟

弟子	弟子	弟子	弟子	弟子
제자	제자	제자	제자	제자

맏/형

말(口)과 행동(儿)으로 솔선 수범하는 사람을 어른으로 여겨 '맏이, 형'을 뜻함.

- 兄(형) 남자 형제 중에서 자기보다 위인 사람을 부르는 말.
- 兄弟(형제) 형과 아우.
- 學兄(학형) 학교 친구를 높여 부르는 말.

부수	儿(어진사람인발)
총획	5획
뜻	형

兄兄兄兄兄

아래의 한자를 써보세요.

어미 모

여자(女 : 어머니)가 어린아이를 품고 젖을 먹이는 모양을 본떠 '어머니, 어미'를 뜻함.

- 母校(모교) 자기의 출신교. 자기가 졸업한 학교.
- 母子(모자) 어머니와 아들.
- 母女(모녀) 어머니와 딸.
- 母國(모국) 자기가 태어난 나라.

부수	毋(말무)
총획	5획
뜻	어머니, 어미

乚 𠄌 㓇 母 母

아래의 한자를 써보세요.

母	母	母	母	母	母	母	母	母	母
어미 모	어미 모	어미 모	어미 모	어미 모	어미 모	어미 모	어미 모	어미 모	어미 모
母	母	母	母	母	母	母	母	母	母

母女	母女	母女	母女	母女
모녀	모녀	모녀	모녀	모녀

아비 부

오른손에 도끼를 든 모양으로, 가장으로서 가족을 거느리고 인도하는 '아버지'를 뜻함.

- 父女(부녀) 아버지와 딸.
- 父母(부모) 아버지와 어머니.
- 父子(부자) 아버지와 아들.
- 學父母(학부모) 학교에 다니는 자녀를 둔 부모.

부수	父(아비부)
총획	4획
뜻	아버지, 아비

父父父父

아래의 한자를 써보세요.

父	父	父	父	父	父	父	父	父	父
아비 부	아비 부	아비 부	아비 부	아비 부	아비 부	아비 부	아비 부	아비 부	아비 부
父	父	父	父	父	父	父	父	父	父

父母	父母	父母	父母	父母
부모	부모	부모	부모	부모

동서, 남북. 사방 및 중앙을 모두 갖추었다는 뜻으로 '열'을 나타낸다.
- 十一月(십일월) 한 해의 열한번째의 달.
- 十中八九(십중팔구) 열 가운데 여덟이나 아홉. 거의 모두.
- 十長生(십장생) 오래 살거나 죽지 않는다는 열 가지. 즉, 해, 산, 물, 돌, 구름, 소나무, 불로초, 거북, 학, 사슴을 말함.

부수	十(열십)
총획	2획
뜻	열

十 十

아래의 한자를 써보세요.

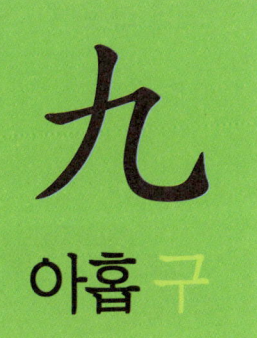

九 아홉 구

열 십(十)의 한 일(一)을 구부리거나, 열에서 하나를 뺀 '아홉'을 뜻함.

- 九九(구구) 곱하기의 암기 공식.
- 九十(구십) 아흔.
- 十中八九(십중팔구) 열 가지 중 여덟이나 아홉, 거의 모두.
- 九十月(구시월) 구월과 시월.

부수	乙(새을)
총획	2획
뜻	아홉

九九

아래의 한자를 써보세요.

九	九	九	九	九	九	九	九	九	九
아홉 구	아홉 구	아홉 구	아홉 구	아홉 구	아홉 구	아홉 구	아홉 구	아홉 구	아홉 구
九	九	九	九	九	九	九	九	九	九

九十	九十	九十	九十	九十
구십	구십	구십	구십	구십

두 손을 네 손가락씩 펴서 보이는 모양. 또는 양쪽으로 잡아 당기어 '나누다, 나누어지다'를 뜻함.

- 八十(팔십) 여든. 80.
- 八寸(팔촌) 여덟 치. 삼종간의 촌수.
- 八九十(팔구십) 8, 9, 10.

부수	八(여덟팔)
총획	2획
뜻	여덟

아래의 한자를 써보세요.

八 八

일곱 칠

열 십(十)자에 내려긋는 획을 오른쪽으로 구부려 놓은 글자. 다섯 손가락과 두 손가락을 합쳐 '7'을 뜻함.

- 七十(칠십) 일흔. 70.
- 七八月(칠팔월) 칠월과 팔월. 또는 칠월이나 팔월.

부수	一(한일)
총획	2획
뜻	일곱

七 七

아래의 한자를 써보세요.

양 손을 내려서 세 손가락씩을 펼친 모양을 본뜬 것으로 합하여 '여섯'을 뜻함.

- 六月(유월) 6월(육월로 읽지 않도록 주의).
- 六十(육십) 예순. 예순째. 60.
- 六寸(육촌) 여섯 치. 사촌의 아들딸. 재종.

부수	八(여덟팔)
총획	4획
뜻	여섯

六 六 六 六

아래의 한자를 써보세요.

하늘과 땅, 즉 음·양이 교차함을 나타내는 글자로 '다섯'을 뜻한다.

- 五十(오십) 쉰. 오십.
- 五六月(오뉴월) 오월과 육월(오류월로 읽지 않도록 주의).
- 五月五日(오월오일) 5월 5일. 어린이 날.

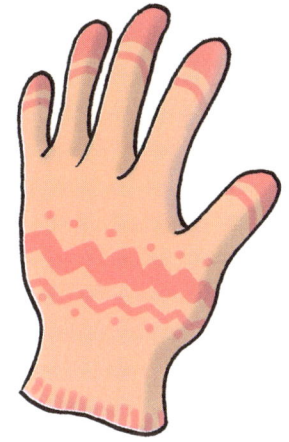

부수	二(두이)
총획	4획
뜻	다섯

五 五 五 五

아래의 한자를 써보세요.

넉 사

큰 입 구(口)의 네 부분을 나눈 모양으로 동서남북 '사방'과 숫자 '넷'을 뜻함.

- 四十(사십) 마흔. 40.
- 四寸(사촌) 아버지 형제의 아들딸.

부수	口(큰입구몸)
총획	5획
뜻	넷

四 四 四 四 四

아래의 한자를 써보세요.

四	四	四	四	四	四	四	四	四	四
넉사	넉사	넉사	넉사	넉사	넉사	넉사	넉사	넉사	넉사
四	四	四	四	四	四	四	四	四	四

四寸	四寸	四寸	四寸	四寸
사촌	사촌	사촌	사촌	사촌

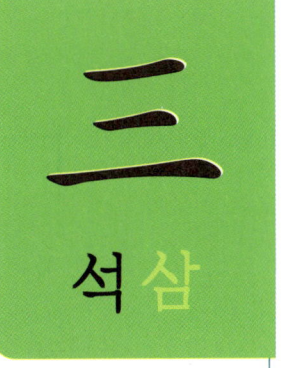

세 개의 가로줄 모양. 또, 손가락 셋을 나란히 한 모양으로 '셋'을 뜻함.

- 三十(삼십) 서른. 30.
- 三寸(삼촌) 세 치. 아버지의 형제
- 三三五五(삼삼오오) 서넛 또는 대여섯 사람씩 무리 지어 다니거나 무슨 일을 하는 모양.

부수	一(한일)
총획	3획
뜻	셋

三 三 三

✱ 아래의 한자를 써보세요.

두 손가락 또는 두 개의 가로 줄을 본뜬 글자로 '둘, 거듭'을 뜻함.

- 二年生(이년생) 두해살이. 2학년이 된 학생.
- 二十(이십) 스물. 20.
- 二月(이월) 한 해의 두 번째 달. 2월

부수	二(두이)
총획	2획
뜻	둘

一 二

아래의 한자를 써보세요.

一 한 일

가로의 한 획을 그어 '하나'란 뜻을 나타낸다.
수의 첫째인 '처음, 근본'의 뜻도 있다.

- 一年(일년) 한 해. 일학년을 이르는 말.
- 一生(일생) 살아 있는 동안. 평생.
- 一日(일일) 첫째 날. 하루.

부수	一(한일)
총획	1획
뜻	하나

✖ 아래의 한자를 써보세요.

一	一	一	一	一	一	一	一	一	一
한일	한일	한일	한일	한일	한일	한일	한일	한일	한일

一日	一日	一日	一日	一日
일일	일일	일일	일일	일일

(^-^)*

8급배정한자
50자
공 부 하 기

✱ 자전(字典)에서 한자를 찾는 방법

※ **자전이란** : 한자를 모아 일정한 순서로 배열하여 그 한 자 한 자의 음(音)·훈(訓) 등을 해설한 책으로 옥편(玉篇)이라고도 한다.

1 음으로 찾기

찾고자 하는 한자의 음을 알고 있을 때는 자음 색인에서 국어사전의 경우처럼 ㄱㄴㄷ…순으로 찾으면 된다.

> 예 弟(아우 제) 음인 제를 자음 색인에서 찾는다.

2 부수로 찾기

찾고자 하는 한자의 음(音)은 모르고 부수를 알고 있을 때는 그 부수를 획수별로 구분되어 있는 부수 색인에서 찾은 뒤 부수를 제외한 나머지 획수를 세어 찾는다.

> 예 弟(아우 제) 부수인 弓의 4획을 부수 색인에서 찾는다.

3 총획수로 찾기

찾고자 하는 한자의 음과 부수 모두 모를 경우는 필순의 원칙에 맞게 정확한 총획수를 세어 총획 색인에서 찾는다.

> 예 弟(아우 제) 총획수인 7획을 총획 색인에서 찾는다

④ 글자 전체를 꿰뚫는 가로획은 맨 나중에 쓴다.

⑤ 둘러싸고 있는 글자는 바깥 쪽을 먼저 쓴다.

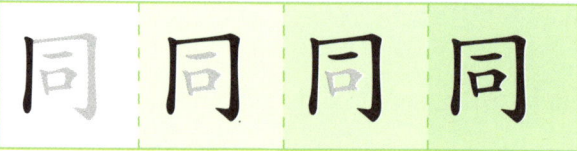

⑥ 삐침은 파임보다 먼저 쓴다.

⑦ 받침은 다음의 두 경우로 나누어진다.
  첫째, 받침이 독립자로 쓰이는 경우는 먼저 쓴다.

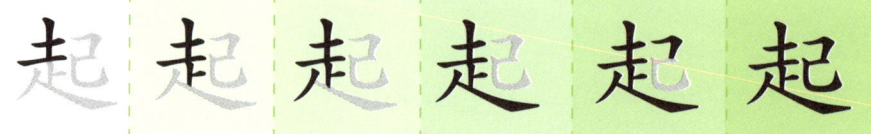

둘째, 독립자로 쓰이지 않는 경우는 나중에 쓴다.

⑧ 오른쪽 위의 오른점은 맨 나중에 찍는다.

② 왼쪽에서 오른쪽으로 : 글자의 왼쪽에 있는 획부터 시작해 오른쪽으로 써 나간다.

(2) 필순의 여러 가지
　위의 2대 원칙에 따르되 다음과 같은 복잡한 경우가 있으니 그때 그때 바르게 익혀 두도록 한다.

① 가로획과 세로획이 겹칠 때는 가로획을 먼저 쓴다.

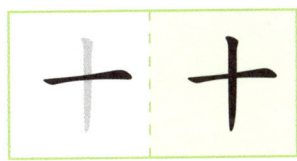

② 좌우 대칭인 경우 한가운데 부분을 먼저 쓰고 좌우 양쪽은 나중에 쓴다.

＊ 좌우를 먼저 쓰고 한가운데 부분을 나중에 쓰는 다음과 같은 경우도 있으니 주의한다.

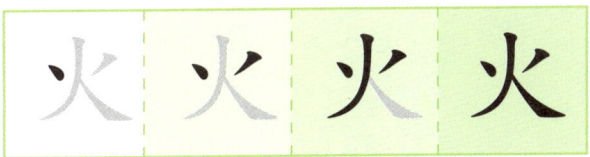

③ 글자 전체를 꿰뚫는 세로획은 맨 나중에 쓴다.

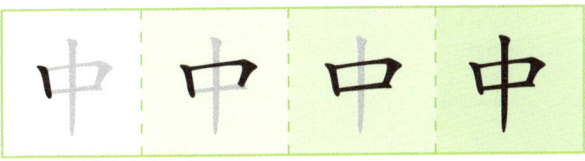

| 한 자 의 자 획 과 필 순 |

한자의 자획과 필순

필순이란 하나의 글자를 이루고자 할 때 그 글자를 이루어 가는 차례를 말한다.

한자의 필순은 원칙적으로 각 글자마다 일정한 차례가 정해져 있지만, 꼭 이렇게 써야 한다는 절대적인 규칙이 있는 것은 아니다. 하지만 오랜 세월 여러 사람의 체험을 통해 정해진 전통적인 필순이 있다. 이 전통적인 필순에 따라 한자를 쓰면 쓰기가 쉬울 뿐만 아니라, 글자의 모양도 아름다워지고 획수도 정확하게 셀 수 있다.

즉, 필순에 맞게 한자를 쓴다는 것 자체가 곧 바른 한자 학습의 기초를 닦는 길이 된다.

1 | 한자의 획

한자를 이루고 있는 선이나 점으로, 붓을 대어 한 번에 긋는 것을 '획'이라 한다. 즉 한자를 쓸 때, 한 번 붓을 대었다가 뗄 때까지 그어지는 선이나 점이 곧 1획이 되는 것이다.

2 | 한자의 필순

(1) 필순의 대원칙

① 위에서 아래로 : 글자의 윗부분부터 아래로 써 내려간다.

✱ 8급 漢字 | 한자

형성(形聲)

이미 있는 글자를 모아서 새로운 뜻의 글자를 만들되, 그 글자의 한쪽은 '뜻'을 나타내고 다른 한쪽은 '음'을 나타내는 글자.

$$工\begin{smallmatrix}[장인\ 공]\\(음\ 부분)\end{smallmatrix} + 力\begin{smallmatrix}[힘\ 력]\\(뜻\ 부분)\end{smallmatrix} \rightarrow 功\begin{smallmatrix}[공]\\(공)\end{smallmatrix}$$

사람의 공적은 힘을 써야 비로소 이루어진다는 생각에서 '力'자를 뜻 부분으로 삼고, '工'을 그 음부분으로 삼은 것으로, 이와 같은 글자를 '형성문자'라 한다.

전주(轉注)

樂 ─ ・풍류 **락** → 본래의 뜻
　　 ・즐길 **락** ┐
　　 ・좋아할 **요** ┘ → 전주된 뜻

상형·지사·회의·형성의 4가지 원리만으로서는 늘어나는 새로운 뜻을 표현할 수 없으므로, 이미 있는 한자의 뜻을 늘여서 사용하는 방법으로 '惡(악 : 악하다)'한 일은 누구나 싫어한다는 데서 '미워할 오'로 뜻이 바뀌는 글자 등을 말한다.

가차(假借)

亞細亞 → 아세아   巴利 → 파리

글자의 뜻과 관계 없이 '음'만 빌어 쓰는 방법이다. 예를 들면 '基督(기독)'은 '그리스도'를 그 뜻과는 상관없이 음만 빌어 쓰는 따위이다.

한자의 육서

지사(指事)
그림으로 나타낼 수 없는 것을 점이나 선, 혹은 부호 등 추상적인 기호로 그 뜻을 나타낸 것이 발전하여 이루어진 글자.

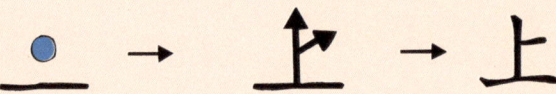

기준 되는 선 위에 점을 표시하여 위쪽을 나타내게 되었는데, 이와 같이 점이나 선, 혹은 부호로써 그 뜻을 나타낸 글자를 '지사문자'라 한다.

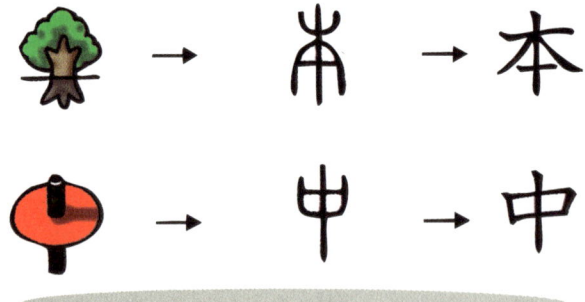

회의(會意)
두 개 이상의 상형자나 지시자를 합하여 새로운 뜻을 나타낸 글자.

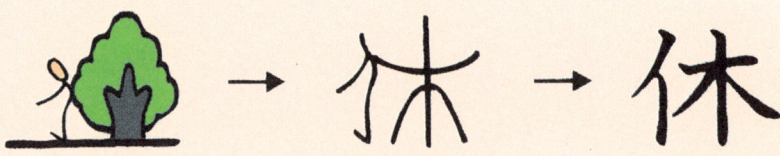

회의는 뜻(意)을 모은다(會)라는 의미로써 나무들이 모여 이룬 숲[林], 하늘의 해와 달은 밝다[明], 사람이 나무 밑에서 쉬다[休]와 같이 의미의 결합으로 새로운 뜻을 모은 글자를 '회의문자'라 한다.

8급 漢字 | 한자

한자의 육서

일정한 모양·뜻·소리의 세 가지 요소를 지닌 한자는 다양한 모양을 가지고 있지만, 그 다양한 모양은 모두 일정한 원칙하에서 만들어졌다. 이 원칙과 원리를 육서(六書)라고 한다. 한자 학습의 기본이 되므로 주의해서 익히도록 하자.

한자를 육서로 분류한 것은 후한(後漢) 때의 학자 허 신(許愼)이 지은 '설문해자(說文解字)'가 처음이다.

상형(象形)

어떤 사물의 모양을 그린 그림이 발전하여 글자를 이룬 것으로 자연이나 물건의 형상을 본떠서 만듦.

이것은 태양(해)의 모양을 본뜬 그림이 차츰 발전하여 '日(일:해)'자가 되기까지의 과정을 보인 것인데, 이처럼 사물의 모양을 본뜬 글자를 '상형문자'라 한다.

〰〰〰 → 〰〰 → 川

👄 → 凵 → 口

🐦 → 𠃉 → 鳥

영자 팔법(永字八法)

丶	① 側(측)	점찍는 법	가로로 눕히지 않는다.
一	② 勒(늑)	가로 긋는 법	수평을 꺼린다.
丨	③ 努(노)	내리긋는 법	수직으로 곧바로 내려 힘을 준다.
亅	④ 趯(적)	올려 치는 법	갈고리로, 송곳 같은 세력을 요한다.
一	⑤ 策(책)	오른쪽으로 치키는 법	치침으로, 우러러 거두면서 살며시 든다.
ノ	⑥ 掠(약)	길게 삐치는 법	삐침으로, 왼쪽을 가볍게 흘려 준다.
ノ	⑦ 啄(탁)	짧게 삐치는 법	짧은 삐침으로, 높이 들어 빨리 삐친다.
㇏	⑧ 磔(책)	파임하는 법	가볍게 대어 천천히 오른쪽으로 옮긴다.

8급 漢字 | 한자

영자팔법(永字八法)

중국 후한(後漢) 때의 문인이며 서예가(書藝家)였던 채 옹(蔡邕)이 고안한 것으로, 획의 운필법(運筆法)을 '永(영)'자의 여덟 가지 획으로써 설명하였다.
이 永字八法(영자팔법)은 모든 한자에 공통으로 쓰인다.

| 한자의 부수 |

엄 한자의 위에서 왼쪽 아래로 걸쳐진 부수를 '엄'이라고 한다.
민엄호(厂), 주검시엄(尸), 엄호(广), 범호엄(虍) 등
예 原, 居, 店, 虎 등

발 한자의 밑에 위치한 부수를 '발'이라고 한다.
어진사람인발(儿), 연화발(灬) 등
예 兄, 無 등

받침 한자의 왼쪽에서 아래로 걸친 부수를 '받침'이라고 한다.
민책받침(廴), 책받침(辶) 등
예 延, 近 등

에울몸 한자 전체를 에워싸고 있는 부수를 '에울몸'이라고 한다.
위튼입구몸(凵), 터진입구몸(匚), 큰입구몸(口) 등
예 凶, 區, 國 등

제부수 그 한자의 자체가 부수인 것을 '제부수'라고 한다.
예 土, 父, 生, 立, 金, 黑, 龍 등

✱ 8급 漢字 | 한자

한자의 부수(部首)

부수란 자전(字典)이나 옥편(玉篇)에서 글자를 찾는 데 편리하도록 필요한 길잡이 역할을 하는 기본 글자를 말한다.
한자의 부수 글자는 1획에서 17획까지 모두 214자이고, 한 글자의 일정한 위치에만 쓰이는 것도 있고, 여러 자리에 들어가서 쓰이는 것도 있다. 또한 부수가 놓이는 자리에 따라 그 모양이 바뀌는 것도 있다. 예를 들면 '手(손 수)'가 '변'의 자리에 쓰일 경우 '扌(재방변)'로 바뀌는 따위이다.

변 한자의 왼쪽에 위치한 부수를 '변'이라고 한다.
사람인변(亻), 이수변(冫), 두인변(彳), 심방변(忄), 재방변(扌), 삼수변(氵), 개사슴록변(犭), 좌부변(阝) 등
예 仁, 冷, 役, 性, 技, 法, 狂, 防 등

방 한자의 오른쪽에 위치한 부수를 '방'이라고 한다.
칼도방(刂), 병부절(卩), 우부방(阝) 등
예 利, 印, 郡 등

머리 한자의 위쪽에 위치한 부수를 '머리'라고 한다.
돼지해머리(亠), 민갓머리(冖), 갓머리(宀), 초두머리(艹) 필발머리(癶), 대죽머리(竹), 비우(雨), 손톱조(爫) 등
예 交, 冠, 家, 草, 發, 答, 雷, 爭 등

| 한자의 3요소 |

2 | 한자의 소리(음)

'木'을 어떻게 읽는가 하는 것이 '음'이다. 이 글자는 음이 '목'이고, '나무'란 뜻이다.
한자도 1자 1음이 원칙이기는 하나, 1자 2음, 또는 1자 3음도 있다. 예를 들면 '樂'자를 '락'이라고 읽으면 '즐겁다'는 뜻이지만, '악'이라고 읽으면 '노래'란 뜻이 되고, '요'라고 하면 '좋아하다'의 뜻이 된다.

木 한자의 모양	한자의 뜻(훈).	나무
	한자의 소리(음)	목

3 | 한자의 뜻(義)

의(義)를 우리말로는 '뜻'이라고 하고, 이 한자의 뜻을 우리말로 새긴 것을 훈(訓)이라고 한다. 한자는 뜻글자이기 때문에 제각기 고유한 뜻을 지니고 있는데, 인류의 문화가 날로 발달하고 사회가 복잡해지면서 한자의 뜻도 이에 따라 차츰 그 뜻이 갈려 나가 10여 가지나 되는 것도 있다. 이를테면 '日'자가 어느 때는 '해'이고, 또 어떤 경우에는 '날'의 뜻이 되는가를 한자어나 한문의 문맥에 따라 그때 그때 새겨야 한다.

8급 漢字 | 한자

한자의 3요소(특징)

우리 한글은 소리 글자(표음문자)인 반면, 한자(漢字)는 뜻글자(표의문자)이다.

이를테면, 우리말은 '나무'란 뜻을 가진 말을 나타낼 때는 '나무'라는 모양으로 쓰고 또 소리도 '나무'라고 읽는다. 그러나, 한자에서는 우선 '木'과 같은 모양으로 쓰고, '목'이라고 읽으며 '나무'란 뜻으로 새긴다.

이처럼 모든 한자는 글자마다 일정한 모양·소리·뜻을 갖추고 있어서 한자 공부라고 하면 이 세 가지를 한 덩어리로 동시에 익히는 일이다.

1 | 한자의 모양(形)

한자가 지닌 일정한 모양으로, 다른 글자와 구별되는 요소이다.
'人'과 '木'자처럼 '사람'이나 '나무'모양을 본뜬 그림이 발전하여 일정한 모양을 갖는 글자도 있고, 또한 '人(인 : 사람)'과 '木(목 : 나무)'이 서로 결합하여 '休(휴 : 쉬다)'자와 같이 두 자 이상이 모여 이루어진 글자도 있다.

✱ 유형별 출제 기준표

문제유형	8급	7급	6급II	6급	5급	4급II	4급	3급II	3급	2급	1급
독 음	24	32	32	33	35	35	30	45	45	45	50
훈음쓰기	24	30	29	22	23	22	22	27	27	27	32
한자쓰기	0	0	10	20	20	20	20	30	30	30	40
장단음	0	0	0	0	0	0	5	5	5	5	10
반의어/상대어	0	2	2	3	3	3	3	10	10	10	10
완성형	0	2	2	3	4	5	5	10	10	10	15
부 수	0	0	0	0	0	3	3	5	5	5	10
동의어/유의어	0	0	0	2	3	3	3	5	5	5	10
동음이의어	0	0	0	2	3	3	3	5	5	5	10
뜻풀이	0	2	2	2	3	3	3	5	5	5	10
필 순	2	2	3	3	3	0	0	0	0	0	0
약 자	0	0	0	0	3	3	3	3	3	3	3
읽기 배정한자수	50	150	300	300	500	750	1,000	1,400	1,817	2,355	3,500
쓰기 배정한자수	없음	없음	50	150	300	400	500	750	1,000	1,817	2,005

※ 쓰기 배정한자는 한 두 급수 아래의 읽기 배정한자이거나 그범위 내에 있음.
※ 위의 출제 기준표는 기본지침자료로서, 출제 의도에 따라 변동이 있을 수 있음.

✱ 급수별 합격 기준표

구 분	8급	7급	6급II	6급	5급	4급II	4급	3급II	3급	2급	1급
총문항수	50	70	80	90	100	100	100	150	150	150	200
시험시간(분)	50	50	50	50	50	50	50	60	60	60	90
합격점	35	49	56	63	70	70	70	105	105	105	160

※ 1급은 출제 문항수의 80% 이상, 기타 급수는 70% 이상 득점이면 합격.

전국한자능력검정시험에 대해

 전국한자능력검정시험이란?

 전국한자능력검정시험(全國漢字能力檢定試驗)은 사단법인 한국어문회가 주관하여 한국한자능력검정회가 1992년 12월 19일 1회 시험을 시행한 이래 매년 2회의 시험을 시행하는 국내 최고의 한자능력검정시험이다.

전국한자능력검정시험은 시행 이래 현재까지 꾸준한 발전을 거듭하였고, 2001년 1월 1일자로 교육인적자원부의 "국가공인자격증"으로 인증받음으로써, 한자 학습자의 학습 의욕을 한층 고취시켰다. 전국한자능력검정시험은 개인별 한자능력에 대한 객관적인 급수 평가가 부여될 뿐 아니라 사회적으로도 한자능력 우수 인재를 양성함에 목적이 있다.

전국한자능력검정시험은 8급에서 4급Ⅱ까지를 교육급수로, 4급에서 1급까지를 공인급수로 구분하고 있으며, 시험에 합격한 초·중·고 재학생은 그 내용이 수행평가 및 생활기록부에 등재되고, 대학 수시 모집 및 특기자 전형지원, 대입 면접 가산·학점 반영·졸업 인증 등의 혜택이 주어지고, 기업체에서는 입사·승진·인사고과 등에 반영이 되고 있다.

小	작을	소	44p	弟	아우	제	37p
水	물	수	48p	中	가운데	중	43p
室	집·방	실	57p	靑	푸를	청	52p
十	열	십	33p	寸	마디	촌	73p
五	다섯	오	28p	七	일곱	칠	30p
王	임금	왕	64p	土	흙	토	51p
外	바깥	외	71p	八	여덟	팔	31p
月	달	월	46p	學	배울	학	54p
二	두	이	25p	韓	나라이름·성	한	60p
人	사람	인	63p	兄	맏·형	형	36p
一	한	일	24p	火	불	화	47p
日	날	일	45p				
長	길·어른	장	72p				

8급 배정 한자 찾아보기

校	학교	교	55p	母	어미	모	35p
敎	가르칠	교	56p	木	나무	목	49p
九	아홉	구	32p	門	문	문	69p
國	나라	국	61p	民	백성	민	65p
軍	군사	군	62p	白	흰	백	53p
金	쇠금/성	김	50p	父	아비	부	34p
南	남녘	남	40p	北	북녘북/달아날	배	41p
女	계집	녀	66p	四	넉	사	27p
年	해·나이	년	67p	山	메	산	70p
大	큰	대	42p	三	석	삼	26p
東	동녘	동	38p	生	날·살	생	59p
六	여섯	륙	29p	西	서녘	서	39p
萬	일만	만	68p	先	먼저	선	58p

순서

- 머리말 … 3
- 구성과 특징 … 4
- 8급 배정한자 찾아보기 … 6
- 전국한자능력검정시험에 대해 … 8
- 한자의 3요소 … 10
- 한자의 부수 … 12
- 영(永)자팔법 … 14
- 한자의 육서(六書) … 16
- 한자의 자획과 필순(筆順) … 19
- 자전 찾기 … 22
- 8급 배정한자 공부하기 … 23
- 연습문제(5회) … 75
- 실전 모의테스트(3회) … 87
- 실전 모의테스트 답안지 … 97
- 정답편 … 103

8급 구성과 특징

1. 본문 구성 내용

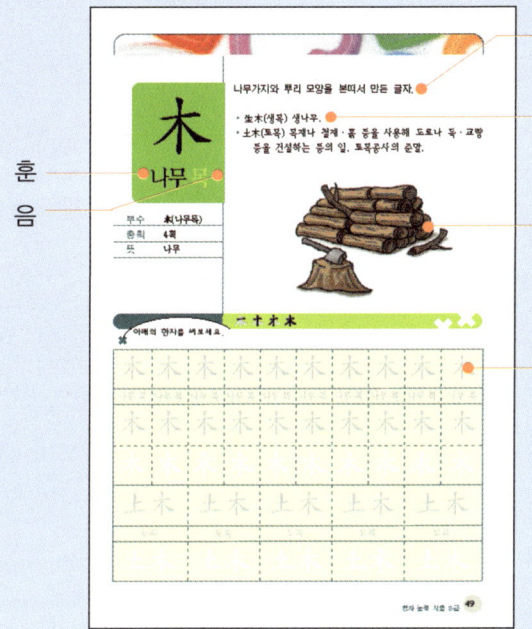

- 훈
- 음
- 해당 한자의 어원 및 설명
- 활용단어 8급 배정단어 만을 선정하여 해설
- 연상하기 쉬운 그림으로 구성
- 8급 시험에서는 쓰기 문제가 없지만, 가장 기본이 되는 한자이고, 6Ⅱ급부터 쓰기 문제가 포함되므로 꼭 익혀두어야 한다.

2. 플래시 카드(60 매)

배정한자 50 매 + 필수어휘 10 매

점선을 따라 절취한 플래시 카드를 활용하면 8급 배정한자를 보다 손쉽게 암기할 수 있다.

3. 연습문제(5 회)와 실전모의테스트(3 회)

출제되었던 문제들을 면밀히 분석한 예상문제를 통해, 실전에 임했을 때 아무런 두려움없이 문제를 해결할 수 있도록 실제 문제와 똑같은 형식으로 구성하였다.

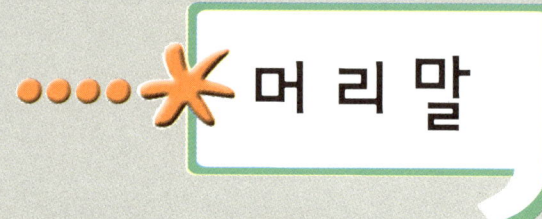
머리말

한글이 창제되기 전, 그리고 그 이후로도 오랫동안 우리 민족은 중국의 한자를 빌어 우리의 사상과 문화를 표현하고 기록하였다. 더불어 반 만 년 역사를 놓고 볼 때 한글이 한자를 대신한 지도 그리 오래된 일이 아니다.

저명한 역사학자 카(E. H. Carr)는 과거를 통해 현재를 본다고 했다. 즉 우리의 현재는 과거를 통해서 존재하는 것이며, 우리의 과거는 거의 대부분이 한자로 기록되어 있다. 이렇게 볼 때 한자를 외면하고는 우리의 현재를 지탱할 수 없는 것이다.

물론 한글은 세계에서 그 유래를 찾아보기 힘든 우수한 문자이다. 하지만 한글로 표기되는 우리말 가운데 70% 이상이 한자어로 되어 있다는 사실은, 한자가 얼마나 중요한지를 여실히 보여주는 예이다.

또한 전세계 인구의 4분의 1에 육박한다는 중국과 세계 양대 경제대국 중 한편을 차지하고 있는 일본이 한자를 사용한다는 사실에서도 한자 교육의 필요성은 아무리 강조해도 지나치지 않을 것이다.

한편 과거 한 때 한자 교육을 외면함으로써 그 부작용의 일면을 경험한 예도 반면교사로 삼을 수 있을 것이다.

이런 여러 가지 이유로 요즘은 학교에서도 한자 교육을 강화하는 실정이고, 대학 입학이나 각종 국가 및 기업체 시험에서도 한자 능력이 유리하게 작용하도록 제도화해 가는 실정이다.

이에 중국어와 일본어 교육의 선두주자로서 그 동안 우리 나라 한자 교육에 열의를 갖고 좋은 교재 개발에 전념해 온 동양문고에서는 효과적인 한자 학습과 한자능력정시험에 유용하도록 급수별 한자 학습 시리즈를 펴내게 되었다. 한자의 기본에서 시험 대비까지 재미있고 알차게 학습할 수 있어 좋은 성과를 거둘 수 있으리라 확신한다.

2003년 7월
동양문고 편집부

이렇게만 준비하면 끝!
한자능력 검정시험 8급

초판 7쇄 | 2017년 2월 10일

지은이 | 편집부
발행인 | 김태웅
총 괄 | 권혁주
편집장 | 이경숙
편 집 | 장아름
디자인 | 이미영
마케팅 총괄 | 나재승
마케팅 | 서재욱, 김귀찬, 왕성석, 이종민, 조경현
온라인 마케팅 | 김철영, 양윤모, 탁수지
제 작 | 현대순
총 무 | 한경숙, 안서현, 최여진, 강아담
관 리 | 김훈희, 이국희, 김승훈, 이규재

발행처 | 동양북스
등 록 | 제 10-806호(1993년 4월 3일)
주 소 | 서울시 마포구 동교로22길 12 (04030)
전 화 | (02)337-1737
팩 스 | (02)334-6624

http://www.dongyangbooks.com

ISBN 978-89-8300-915-9 13710

▶ 본 책은 저작권법에 의해 보호를 받는 저작물이므로 무단 전재와 복제를 금합니다.
▶ 잘못된 책은 구입처에서 교환해 드립니다.

이렇게만 준비하면 끝!
한자능력검정시험
8급